D'AUTRES COMPLIMENTS POUR MINI-SOURIS!

« Hardie, futée...
Mini-Souris est ici
pour de bon. »
— The Horn Book Magazine

« Les jeunes lecteurs
tomberont sous
le charme. »
— Kirkus Reviews

« Le duo créatif frère-sœur frappe dans le mille
avec humour et fraîcheur. Leurs personnages sont
si authentiques qu'on croirait de vrais enfants. »
— Booklist

« Mini-Souris est audacieuse et
ambitieuse, même si elle met
parfois les pieds dans le plat. »
—School Library Journal

D0815876

Ne manque surtout pas les autres
Mini-Souris!

MINI-SOURIS

À LA PLAGE

JENNIFER L. HOLM ET MATTHEW HOLM

TEXTE FRANÇAIS D'ISABELLE ALLARD

Éditions
■SCHOLASTIC

SAUTE CETTE PAGE! FAIS-MOI CONFIANCE.

Catalogage avant publication de Bibliothèque et Archives Canada

Holm, Jennifer L.

  Mini-Souris : à la plage / auteure, Jennifer L. Holm; illustrateur, Matthew Holm ; traductrice, Isabelle Allard.

(Mini-Souris ; no 3)
Traduction de : Beach babe.
ISBN 978-1-4431-2987-9 (broché)

  I. Romans graphiques. I. Holm, Matthew, illustrateur II. Allard, Isabelle, traducteur III. Titre. IV. Titre: Beach babe. Français V. Collection: Holm, Jennifer L. Mini-Souris ; no 3
PZ23.7.H65Mine 2013 j741.5'973 C2013-903652-0

Édition publiée par les Éditions Scholastic, 604, rue King Ouest, Toronto (Ontario) M5V 1E1 avec la permission de Random House, Inc.

5 4 3 2 1 Imprimé au Canada 139 13 14 15 16 17

MAIS UNE CONCURRENTE LES SURPASSAIT TOUS.

ELLE SEULE POUVAIT DOMPTER LES ÉNORMES VAGUES.

ILS L'APPELAIENT...

9

LA VAGUE PARFAITE!

SALUT, MINI-SOURIS!

SALUT, FRED!

C'EST LA DERNIÈRE JOURNÉE D'ÉCOLE!

LE DERNIER TRAJET!

ADIEU, VIEIL AUTOBUS!

LE DERNIER TEST!

$\frac{5}{3} + \frac{7}{12}$

ADIEU, HORRIBLES FRACTIONS!

POISSONS

REQUIN

MÉNÉ

MARLIN

LIMANDE-SOLE

CLIC!

VÉGÉTAUX

PLANCTON

ALGUES

SARGASSE

CLIC!

MAMMIFÈRES

BALEINE

MORSE

DAUPHIN

CLIC!

25

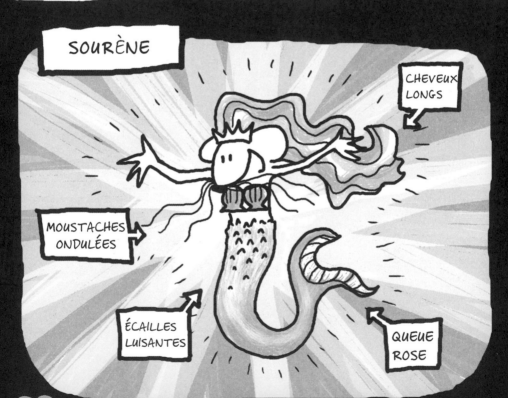

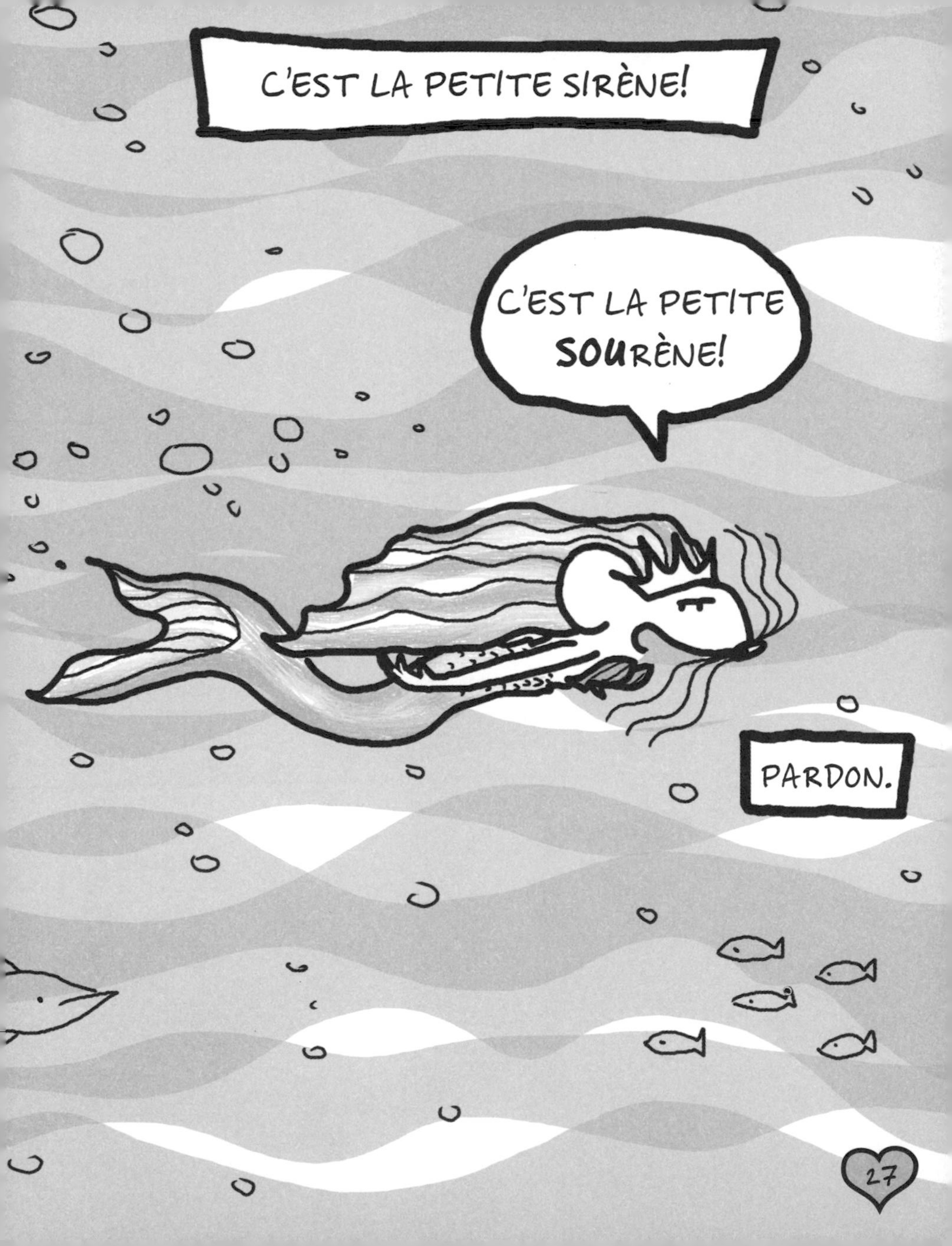
C'EST LA PETITE SIRÈNE!
C'EST LA PETITE **SOU**RÈNE!
PARDON.

HA!

ÉVIDEMMENT.

BONNES VACANCES, LES ENFANTS. N'OUBLIEZ PAS DE NETTOYER VOS CASIERS.

DRINNNNNNNNNNNGGGG!!!!

YOUPIIIIIIIIIIII!!!!

NOUS ALLONS À LA PLAGE.

À LA PLAGE, VRAIMENT?

OUI, MINI-SOURIS.

JE VAIS À LA PLAGE! JE VAIS À LA PLAGE!

MINI-SOURIS! MINI-SOURIS! MINI-

BOUM!

PFFFFF

41

UNE HEURE PLUS TARD.

VITESSE LIMITÉE
SURVEILLANCE
AÉRIENNE

VITESSE LIMITÉE
SURVEILLANCE
AÉRIENNE

JE ME DEMANDE CE QUE ÇA VEUT DIRE.

VROUM!

?

VROUM!

HA!

42

ENCORE UNE HEURE PLUS TARD.

ON EST BIENTÔT ARRIVÉS?

NON.

CINQ MINUTES PLUS TARD.

ON EST BIENTÔT ARRIVÉS?

NON.

TROIS MINUTES PLUS TARD.

ON EST BIENTÔT ARRIVÉS?

NON.

45 SECONDES PLUS TARD.

ON EST BIENTÔT ARRIVÉS?

NON.

DIX SECONDES PLUS TARD.

ON EST BIENTÔT ARRIVÉS?

NON! TROUVE QUELQUE CHOSE POUR T'OCCUPER, MINI-SOURIS.

47

TU SAIS FAIRE DU SURF, MINI-SOURIS?

BIEN SÛR! J'AI FAIT DES RECHERCHES!

FLOP FLOP

NE LÂCHE PAS, MINI-SOURIS!

IL FAUT JUSTE QUE JE PRENNE UNE BONNE VAGUE...

HEU... MINI-SOURIS!?

AAAAAAAAHHHH!!!

MINI-SOURIS!

SPLOUF!

PLUS TARD.

C'EST LA BELLE VIE!

ATTENTION, MINI-SOURIS. LE SOLEIL TAPE.

MMMM.

ZZZ

OUAAAH!

LE JOUR SUIVANT.

QU'EST-CE QUE TU VAS FAIRE AUJOURD'HUI, MINI-SOURIS?

DE LA PLONGÉE.

MINI-SOURIS! MINI-SOURIS!

NON, SCOUIC.

C'EST PARTI!

PLOUF!

CE SOIR-LÀ.

OÙ VAS-TU, MINI-SOURIS?

SUR LA PROMENADE! ON VA S'AMUSER!

JEUX

1∞

2¹⁄²

PARC D'ATTRACTIONS

OH!

SURVEILLE TON FRÈRE, MINI-SOURIS.

BARBE À PAPA

BEIGNETS

HOTDOGS GÉANTS

MIAM MIAM

BOUM

PAF!

RESTO

SUPER FRITES

TASSES TOURNANTES

MINI-SOURIS! MINI-SOURIS!

YOUPI! YOUPI! YOUPI! YOUPI!

TASSES →

CLIC!

CLIC!

DRINNNNGGGGG!!!!!!

BRRRRRRRRRR......

66

VRAIMENT PAS BEAU À VOIR!

69

SCRATCH!
SCRATCH!

TAP
TAP

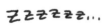

ZZZZZZ...

71

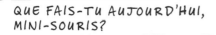

QUE FAIS-TU AUJOURD'HUI, MINI-SOURIS?

JE VAIS CHERCHER DES COQUILLAGES!

NON, SCOUIC, TU NE VIENS PAS.

IL EST JOLI CELUI-LÀ!

HÉ!

CLAC!

73

J'AI DROIT À TROIS SOUHAITS, NON?

À TA PLACE, JE DEMANDERAIS DES MOUSTACHES LISSES.

HÉ!

DÉPÊCHE-TOI, JE N'AI PAS TOUTE LA JOURNÉE.

MON PREMIER SOUHAIT, C'EST DE LA CRÈME GLACÉE.

POUF!

SUPER!

SLURP

BEURK! ÇA GOÛTE LES CORNICHONS!

TU N'AS PAS PRÉCISÉ LA SAVEUR ALORS J'AI CHOISI POUR TOI!

85

MINI-SOURIS? SCOUIC?

JE NE PEUX PAS REGARDER.